JN410371

만인동시선 ⑦

누구에게 말해요?

설용수 동시집

누구에게 말해요?

만인사

시인의 말

저는 10년을 키워 한 번 열매를 맺는
나무 한 그루를 가지고 있어요.
사과처럼 달콤하고 향기로운 그 나무는
아무리 바쁘고 힘들어도 동심을 지켜가라며
저를 늘 응원합니다. 바로 동시나무지요.
첫 동시집을 출간한 지 10년 만에 2집을 출간했고,
다시 10년이 흘러 제3집을 출간하게 되었어요.
3집은 글 설용수, 그림 설용수로 계획을 했습니다만
그림을 배우다 중단한 지 몇 해가 지났기에 많이 망설였습니다.
하지만 용기를 냈어요. 저에겐 아직 4집이 남아있으니까요.
그때는 더 나은 글과 그림으로 다가서도록 노력하겠습니다.
세상을 멀리 보고 시야를 넓히려고 노력하며 쓴 글과
사랑과 믿음, 원망과 미움까지도 무지갯빛으로 승화시키고 싶었던
제 그림들이 많은 어린이들과 동심을 찾고자 하시는
어른들의 마음에 잘 닿기를 기대하면서요!

차례

2부 새가 되라고?

차례

3부 할머니의 봄

4부 케냐의 나무 옷가게

차
례

5부 이런 날도 올까?

1

왕벚나무

입장을 바꿔 봐

딸기를 먹으며
'동물의 왕국'을 보고 있는데
스라소니가
다람쥐를 잡으려고
살금살금 다가가는 거야.

나는 벌떡 일어나 소리쳤어.
—스라소니야,
넌 그렇게 귀여운 다람쥐를
어떻게 먹니?

스라소니가 우뚝 멈추더니
나를 빤히 보며 말했어.
—넌 그렇게 예쁜 딸기를
어떻게 먹니?

너와 나

벼는
자기가 초록색인 게
자랑스러울 거야.
두루미가
벼 사이를 오가면
하얀 두루미를 돋보이게 하니까.

두루미는
자기가 흰색인 게
자랑스러울 거야.
자기들이
벼들 사이로 오가면
초록 벼들을 돋보이게 하니까.

미스 소나무를 뽑습니다

반송, 금송, 용송, 적송, 금강송, 낙우송, 미인송, 오엽송 쭉 뻗은 소나무, 구불구불 소나무, 잔가지 많은 소나무

모두 오세요.
진선미로 당선되면 성형시켜 드려요.
잔가지, 뿔난 가지 자르고 다듬어서
쭉쭉빵빵 소나무로 만들어 드립니다.

상품도 있어요.
튼튼한 고무 끈과 이사 티켓이죠.
끈으로 뿌리를 칭칭 동여서
안전하게 트럭에 실어 드려요.

어디로 가냐고 묻지 마세요.
아파트, 큰 건물, 고속도로 주변은
시끄럽고, 매연 많고, 불빛 밝아서
달도 별도 하늘도 보기 힘들지만
사람과 차들은 많이 볼 수 있어요.

전국의 소나무들은
얼른 모이세요.

미스 소나무를 뽑습니다.

왕벚나무야

넌 정말 예뻐.
가지마다 송이송이 분홍꽃 피우면
너를 보려고 사람들이 몰려들어
벚꽃놀이가 생겼지.

꽃잎질 때도 예뻐.
바람 불면 흩날리는 꽃잎이
수백 마리 나비 떼가 되어
하르르 하르르 날아다니지.

꽃잎 떨어진 자리도 예뻐.
분홍 이파리 쌓여 분홍카펫 이루니
왕자님, 공주님 바람소리에 맞춰
살폿 살폿 춤추고 싶을 거야.

그렇게 예쁜 왕벚나무야,
네 고향은 어디니?

—나?
세상에서 제일 아름다운 섬
제주도지.

흙꽃

이른 봄엔
흙도 꽃으로 피어난다.

농부아저씨가 논을 갈면
쟁기 끝에서
둥글둥글 피어나는
흙, 흙꽃

흙꽃에도
향기가 있다.
자연을 가득 담은
풋풋하고 싱그러운 내음

흙꽃은 그 향기로
벼를 키운다.
우리들도 키워낸다.

태풍

태풍은
치마를 입고 오나 봐.

아주 넓은 치마에
비를
듬뿍 담고 오나 봐.

제주도에 도착했다는데
대전까지 비가 온대.
울릉도로 갔다는데
서울까지 비가 온대.

태풍은
아주 길고
아주 넓은
빗치마를 입고 오나 봐.

입꽃

엄마 새가
먹이를 물어오면
둥지 안에선
입꽃이 핀다.

—엄마, 저요. 짹짹
저도 주세요. 째잭
저도요. 짹재그르

아기들이 입을 쫙 벌리면
입가에 송이송이 피어나는
노란 입, 입꽃.

아기 새의 입꽃은
꼭
호박꽃 닮았다.
꼭
노란별 닮았다.

안개

하늘님도 가끔
감추고 싶은 게 있나 봐.

그래서
안개 비단을 짜나 봐.

넓게 짠 하얀 비단으로
세상을 덮어놓고

아무도 모르게
하고 싶은 일이 있나 봐.

설마
하품?

설마
목욕?

설마
설마
햇님과 뽀뽀?

달님은

달님은 밤마다
노란 옷 입고 나오는데
그 옷은
젖지도 않고
낡지도 않는대요.

천 년 만 년
더 입었는데
색도 모양도 변하지 않고
시냇물, 강물, 바닷물에
뛰어들어도 여전히
뽀송뽀송하대요.

달님은 단벌신사
노란 옷만 입는대요.
천 년 만 년 입어도
질리지 않는대요.

2

새가 되라고?

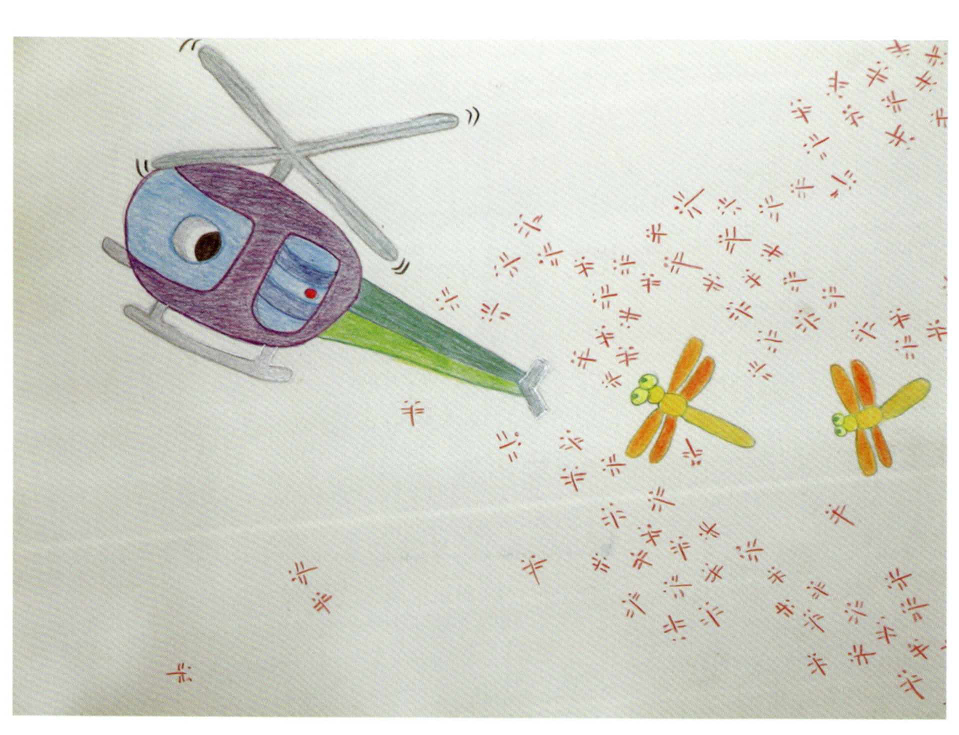

잠자리비행기

잠자리가
헬리곱터를 따라가며
소리쳤다.

—내 앞에서 잘난 척 하지 마.
넌 나를 보고 만들었어.

그러니까
잠자리비행기지?

결국
넌
짝퉁이지?

새가 되라고?

공책 사러 문구점 가야하는데
맙소사, 상가까지 걸어가래.
—싫어, 싫어, 차 태워줘.
상가 앞에 차를 세우더니 내리래.
—안 돼, 안 돼. 기다려 줘.
운전대 잡은 엄마가 한숨 쉬며 말했어.
—넌 어떻게 새보다도 덜 걷니?

그날 밤, 부스럭 소리에 잠이 깼어.
무심코 창문을 열었더니 앗!
새들이 날개를 달아주겠대.
새 다리로 바꿔줄 테니 날아다니래.
—정말?
난 얼른 등을 내밀었어.
날개를 좌악 펴고 하늘 높이 올라갔지.
야호, 아파트가 손바닥만 하게 보이네.

엇?
하늘이 캄캄해지더니 소나기가 퍼붓네.

냉큼 미루나무 위 새둥지로 들어갔지.
지붕도 없는 집에서 오르르 떨고 있는데
번쩍, 빠지직 콰르릉!
나무가 번개 맞아 과당,
나도 함께 쿵 떨어졌어.
깜짝 놀라 눈을 뜨니 내 방이지 뭐야.
나는 얼른 잠옷을 걷어 올렸어.
—휴우, 아직은 사람다리네.

캠핑

아빠와 캠핑 가려고
짐을 챙겼다.

칼 도마 냄비 접시 밥공기 국그릇
수건 비누 치약 칫솔 로션 샴푸
슬리퍼 잠옷 핸드폰 충전기 손전등

가방 안으로
우리 집이 들어갔다.
나는
집을 메고 길을 떠났다.
끙끙 낑낑……

어!
달팽아,
너도
캠핑 가니?

코로나19가

서로 잘났다고 떠드는 소리가
얼마나 시끄러웠으면
세상사람 모두에게
마스크를 쓰게 했을까?
—입 좀 다물어!

다들 잘났다며 돌아다니는 꼴이
얼마나 보기 싫었으면
세상사람 모두를
집에만 있게 했을까?
—그만 좀 돌아다녀!

누구에게 말해요?

엄마가 마구 소리칠 땐
외할머니네로 보내고 싶은 거
누구에게 말해요?

선생님이 바지입고 오면
너무 싫다고
누구에게 말해요?

BTS 정국오빠가 좋아서
꼭 결혼하고 싶다고
누구에게 말해요?

하늘나라 가신 할머니 보고 싶어
가끔 이불 쓰고 운다고
누구에게 말해요?

달님이 없다면
그런 내 마음을
누구에게 말해요?

즐겁다, 즐거워

내 바지는 반바지
오늘은 반바지도 더워
차라리 벗고 싶은데

퇴근하여
집에 들어 선
아버지 바지는 긴 바지
보기만 해도 더워라.

아버지가
샤워하는 동안
나는 가위로
아버지 바지를 싹둑
무릎 위로 싹둑싹둑
더 위로 싹둑싹둑싹둑

팬티만큼 짧아진
바지는
보기만 해도 시원해.

내일은 아버지가
이 바지 입고
얼마나 좋아하실까?

생각만 해도
즐겁다, 즐거워!

맛있게 드세요

썰어 썰어 썰어주세요.
피망 양파 토마토 베이컨
먹기 좋은 크기로 썰어주세요.

볶아 볶아 볶아주세요.
썰어놓은 야채 넣고
중불에 스리살짝 볶아주세요.

부어 부어 부어주세요.
달걀 풀어 휘휘 저은 달걀물
볶은 야채에 부어주세요.

익혀 익혀 익혀주세요.
뚜껑 닫고 약한 불에
칠팔 분 쯤 익혀주세요.

드세요, 드세요.
아빠랑 나랑 만든 오믈렛
맛있게 드세요, 엄마!

그림자의 하소연

내 그림자가 나에게 사정했어.
제발 자기 좀 놔 달래.

잠시도 가만 안 있고
바스락거리는 내가
피곤해서 못 살겠대.

—안 돼.
그림자 없으면 귀신이야.

그럼 수연이랑 바꿔 달래.
조용히 책 읽는
수연이 그림자가 되어
자기도 조용히 책을 읽고 싶대.

끙!
이걸 어쩌지?

저요, 저요

나는 심부름을 간다.
베란다 창고에서 감자 꺼내오기.

상자를 열고
검은 비닐을 들췄더니
앗, 깜짝이야.
많은 손이 나를 향해 외치고 있다.
—저요, 저요, 저요!

나는 팔짱을 끼고 아이들을 봤다.
이럴 때 우리 쌤은 누굴 시키더라?
두 눈을 초롱초롱 빛내며
조용히 손들고 있는……

그렇지!
구석에 얌전히 앉아서
길게 손 뻗고 있는
너, 이리 와.
그 옆에 너

그 앞에 너도!

—엄마,
얘들 데려왔어요.
햇빛 쪼여줄까요?

3

할머니의 봄

파마머리 1

부처님은
파마머리가 좋은가 봐요.
꼬불꼬불 파마하고
법당에 앉아계시죠.
매일 웃고 계시죠.

부처님을 닮고 싶은
아랫마을 할머니도
꼬불꼬불 파마하고
법당을 찾으시죠.
매일 웃으면서 가시죠.

파마머리 2

부처님!
부처님도
엄마 손에 이끌려
미장원 가셨어요?
싫은데도 억지로
파마 하셨어요?

꼬불꼬불 머리가
너무 이상해서
눈물이 찔끔 나는데
부처님 엄마도
호호호호 웃으며
멋있다고 하셨어요?

그리곤
꼭
음악가 베토벤 같다고
자꾸 자꾸 우기셨어요?

버릇은 어려워

3200년 전,
수메르인 점토판에
이런 말이 씌여 있대.
—요즘 애들은……

이집트 피라미드 안쪽 벽에도
씌여 있대.
—요즘 애들은……

고대 그리스 철학자도
우리 엄마 아빠도 한결같이 하는 말
—요즘 애들은 버릇없다.

버릇은
3,200년 전부터 지금까지
계속계속계속계속계속계속계속계속
없어졌는데도 아직 살아있다니

버릇아, 넌

뿔 달린 도깨비니?
설마
그림자 없는 귀신?

자연의 소리

호랑이가 담배 피던 시절이었어.
하늘님이 새들에게 소리를 주셨대.
지지배배 지지배배 뾰로롱 뾰로롱
훽스 훽스 부~~엉~~

바람과 천둥에게도 소리를 주셨지.
지지배배 지지배배 휘이이잉 부엉~
뾰로롱 뾰로롱 훽스 훽스 콰르릉 쾅!

—우리도 예쁜 소리 주세요.
해변에서 까만 돌들이 투덜거렸어.
몽돌에겐 어떤 소리가 좋을까?

하늘님의 부탁을 받고
파도가 몽돌에게 줄달음을 쳤지.
몽돌은 재빨리 움직여 소리를 냈어.
철썩 좌르르르르~ 처얼썩 좌르르르르~

새도 바람도 천둥도 함께 노래했어.

지지배배 지지배배 휘이이잉
철썩 좌르르르르 휙스 휙스 부엉~
뾰로로롱 뾰로롱, 콰르르릉 쾅!

오늘밤 잠들기 전에
가만히 귀 기울여 들어봐.
하늘님이 꽃, 나무, 달님에게도
예쁜 소리를 주셨을지 몰라.

삼신할매의 알람시계

땅속에는
삼신할매가 사시지.
삼신할매가 갖고 있는
작은 시계는
일 년에 딱 네 번 울리지.

—따르르릉, 봄입니다.
알람이 울리면 할매는
개나리, 진달래, 벚꽃, 수선화, 산수유 등
봄꽃들의 뿌리를 깨워
꽃을 피우게 하시지.

여름엔 여름꽃
가을엔 가을꽃의 뿌리를
가만가만 흔들며
이제 꽃을 피울 때라고 알려주지.

—따르르릉, 겨울입니다.
네 번째 알람이 울리면

할매는 뿌리들을 안고
겨울잠을 주무시지.
눈보라가 쳐도 모른 채
깊은 잠에 드시지.

할매의 작은 알람시계가
다시 울릴 때까지!

용문사 은행나무

천 살 넘은 할아버지
지팡이도 없이 서 계신다.

뜨거운 햇살에도 꼼짝 안 하고
태풍이 불어도 꿈쩍 안 하며
봄엔 송이송이 꽃 피우고
가을엔 주렁주렁 열매 맺으신다.

그 연세에 힘드실 테니
이제 그만 쉬시라고 하면
가지 하나 뚝 꺾어 휘두르며
외치실 것 같다.
—난 아직 정정하다, 이놈들아!

대웅전 부처님도
은행나무 할아버지를 보며
고개를 끄덕이신다.
빙그레 미소도 지으신다.

이모는 걱정거리

원룸에서 혼자 사는
올드미스 우리 이모
필요한 건 딱 두 가지 뿐이래요.
전자렌지와 핸드폰!

배달된 국, 반찬
전자렌지에 데워먹고
핸드폰으로
물건 사고 영화보고 음악 듣고
친구들과 수다 떨면 된대요.

영화도
로봇영화만 좋아하는
우리 이모

저러다
로봇과 결혼해서
로봇 아기 낳을까 봐
걱정이에요.

길냥이의 선물

전원주택 짓고
고향으로 내려간 이모가
길고양이에게 밥을 줬대.
고기에, 생선에, 사료도 주었는데
며칠 후 아침,
이모가 현관문을 열다가
'꺄악' 하고 쓰러졌대.
식구들이 놀라 달려가니
바닥에 죽은 쥐가
나란히, 나란히, 나란히, 나란히, 나란히
줄을 맞춰 누워있더래.
옆에선 까만 길냥이가
이모부를 빤히 보고 있더래.
—주인님,
제가 제일 좋아하는 먹이에요.
맛있게 드세요.
마음 약한 이모부가
—오늘 저녁 우리 집 메뉴는
들쥐 통구이 다섯 마리다.

라고 선언할까 봐
사촌들은 오금이 저렸대.
온 몸에서 식은땀도 흐르더래.

할머니의 봄

—할머니,
하늘나라 갈 때
꼭 하나만 가져갈 수 있다면
뭘 가져갈 거야?

내가 묻자마자
다섯 살 동생이 얼른 말했다.
—나, 나 가져가!

하지만 할머니는
1초도 안 되서 말했다.
—봄!

동생은 털썩 주저앉아
발버둥 치며 울었다.
—나 데려가.
할머니 따라 갈래.

할머니는
동생 머리를 쓰다듬으며 말했다.
—내 강아지는
가슴 속에 담아가야지.

안 무서운 길

할머니가
제일 보고 싶은 사람은
할머니를 낳아주신
엄마, 아빠래요.

할머니의
엄마, 아빠는 지금
하늘나라에 계시대요.

할머니가
하늘나라에 들어서면
반갑게 뛰어나와
안아주실 거래요.

그래서
할머니는
하늘나라 가는 게
하나도 안 무섭대요.

나 홀로 제사

해마다 11월 11일은
나 홀로 제삿날이다.

하얀 접시에
초코파이 두 개 쌓고
생일 초 하나를 꽂은 후
두 번 큰 절을 하고
축문을 읽는다.

—유세차 매해 11월 11일
자연을 사랑하는 나는
두 손 모아 빕니다.
자전거 타고 달릴 때
헬멧에 부딪힌
나비, 벌, 잠자리, 풍뎅이와
자전거 바퀴에 다친
사마귀, 방아깨비, 지렁이들이
후생엔 꼭
사람으로 태어나게 해주세요.

축문이 끝나면
큰 절 두 번 올린 후
나 홀로 제사를 끝내고
초코파이는 냠냠
내가 맛있게 먹는다.

오늘과 내일

—엄마, 내일은 언제야?
—오늘 자고나면 내일이지.

하룻밤 자고나서
묻습니다.

—엄마, 오늘이 내일이야?
—내일은 하룻밤 자야지.

하룻밤 자고나서
또 묻습니다.

—엄마, 오늘이 내일이야?
—아니, 오늘 밤 자야지.

아이가 '우앙' 웁니다.

—하룻밤 자면
내일이라고 했잖아.
근데 왜 또 자?

어제
오늘
내일
모레

조각 생각들

더위
내 귀도 더위를 타나 봐.
매미가 우렁차게 울면
더, 더, 더워.

별
별님은
누가 씻겨주기에
저렇게 매일매일
반짝일까?

꽃
꽃이 죽으면
누가 그 앞에
꽃을 놓아줄까?

희망
어디선가
오고 있겠지
내가 타야 할 버스

4

케냐의 나무 옷가게

유럽에 가니

화장실도
돈 내래.

물도
돈 내래.

와이파이도
돈 내래.

반찬 더 달래도
돈 더 내래.

누가 뭐래도
대한민국 최고!

케냐의 나무 옷가게

아프리카 케냐,
어느 마을 어귀에
커다란 정자나무가 있다.

나무엔
가지마다 주렁주렁
옷걸이가 걸려있다.

옷걸이가 입고 있는
양복, 원피스, 투피스, 점퍼, 바지, 치마, 츄리닝.
츄리닝 등판엔 한글도 보인다.
대한태권도!

주인이 손뼉에 발까지 구르며
큰 소리로 손님을 불렀다.
―골라, 골라보세요.
코리아에서 왔어요.
좋은 옷이 많아요.

옷들도 바람에 몸을 흔들며
함께 손님을 부른다.
—어서, 어서 오세요.
여기는 케냐, 나무 옷가게랍니다!

노란 버스가
먼지를 일으키며 다가오자
대한태권도가 더 크게 팔을 흔들었다.
버스에 쓰여 있는 새싹유치원도
손을 흔들며 생글생글 웃었다.

새싹유치원

대한
태권도

코끼리 다리

탄자니아의 작은 어촌에서
우리는 돌고래를 보러 가려고
해변에서 배를 기다렸다.

통통 배가 도착하자
나도 모르게 힐끗힐끗
뱃사공아저씨의 다리를 보았다.
왼쪽은 새 다리에 슬리퍼,
오른쪽은 무릎 아래부터 발가락까지
퉁퉁 부은
코끼리 다리에 맨발!

—엘레펀트 레그야.
맨발로 다녀서 기생충이 들어간 거지.
기생충 약을 보내줘야겠어.

다시 해변으로 돌아왔을 때
아빠가 수첩에다
아저씨의 이름과 집주소를 써달라고 했지만

뱃사공은 멀뚱멀뚱 먼 곳만 바라봤다.

—글을 쓸 줄 몰라서……
아빠는 귀국을 해서도
한동안 아저씨의 다리를 안타까워했다.
나는 동물의 왕국에서
코끼리가 보여도
전처럼 즐겁지 않았다.

먼지 덧신 아이들

네팔로
교실지어주기 봉사활동을 간
삼촌이
사진을 보내왔다.

나무에 걸려있는
칠판 앞에서
땅바닥에 앉아
선생님을 바라보는 아이들

그 아이들 발엔
신발이 없다.
맨발에
덧신처럼
뽀얗게 덮여 있는 먼지.

아이들은
먼지 덧신을 신고
달리기를 하면서도

하하하하 웃고 있는데

먼지가 날아 와
내 눈을 찔렀다.
눈물이 주르르 흘러내렸다.

심봤다

모잠비크의
넓은 마을 장터에
신발을 산더미처럼 쌓아놓은
아저씨가
노래하듯 탄자니아 말로 외쳤다.

—골라, 골라 봐.
코리아에서 신발이 왔어.
맞는 사이즈를 찾으면
완전 대박이야.

찾아, 찾아 봐.
코리아 신발은
튼튼해서 오래 신어.
맞는 짝을 찾으면
완전 행운이야.

아저씨의 말이 끝나기도 전에
아줌마, 아저씨, 아가씨, 청년들이

우르르 물려와
산더미를 헤집으며
이 골짜기 저 골짜기를 뒤졌다.

잠시 후,
한 아저씨가 벌떡 일어나
빨간 운동화 두 짝을 들고 외쳤다.
—심봤다!

아, 김치!

노르웨이로 출장 간 삼촌이 카톡을 보냈다.
눈물 줄줄 흘리는 이모티콘을 두 개나!

나는 깜짝 놀라 얼른 물었다.
—어디 아파요?
띵똥!
금방 삼촌의 답이 왔다.
—조금 남은 김치를
다 먹을까 말까 망설이다가
내일 국물에 밥 말아먹으려고
베란다에 내놨더니
고양이가 폴싹 엎었어. 흑흑흑~

우리 집 저녁밥상에 올라 온
배추김치, 총각김치, 갓김치
모락모락 김나는 밥 위에 척 얹으니
삼촌의 눈물어린 이모티콘이 보였다.
아작아작 씹으니
삼촌의 안타까운 한숨이 들렸다.

—아, 김치!

나도 모르게 눈물이 뚝, 흘렀다.

원 달러

6.25 전쟁 때
다섯 살이던 할아버지

우리나라를 도우러 온
군인들을 졸졸 따라다니며 그러셨대.
—원 달러!

올해 예순 여덟 할아버지
캄보디아에 가니
다섯 살 아이들이 달려와 그러더래.
—원 달러!

인도에서도
이집트에서도
고사리 손 내밀며 그러더래.
—원 달러!

5

이런 날도 올까?

이런 날도 오겠지!

—여보세요,
경상북도 영주시
최플가든 사과농장이죠?

여기는 로봇회사인데요.
지금 사과꽃만 전문으로 수정하는
꿀벌로봇을
반값에 할인판매하고 있어요.
주문하시면
충전 잘 해서 보내드릴게요.

지구반점

이런 날도 올까?

—여보세요?
지구별
대한민국
서울시
지구반점이죠?

여기는
화성별
미리내국
카시오페아시
백조아파트인데요

탕수육 하나
짜장면 둘
짬뽕 셋
배달 부탁합니다.

모기의 악담

과학자들 때문에
언젠가 우리도 멸종할지 몰라.

로봇으로
수컷불임모기를 만들어서
지카바이러스를 옮기는
암컷모기와
짝짓기를 시키면
알을 낳아도 죽는다니,

그래, 인간들아.
너희는 자꾸자꾸 연구해서
모기 없는 세상 만들고
200살 까지 살아라!

스마트 폰 내놔

샛바람, 하늬바람, 마파람, 된바람이 모여앉아
스마트폰으로 애니팡을 하고 있다.

바람들이 꼼짝도 안 하니까
더운 바람 찬 바람 섞이지 못 해.

더운 바람 찬 바람이 섞이지 못하니
비도 눈도 안 내려.

비도 눈도 안 내리면
내가 좋아하는 딸기, 사과, 버섯, 시금치는
어떻게 자라지?

어머나, 안 되겠다.
스마트 폰 이리 내놔!

모기떼를 우주로

—달님
모기는 내가 너무 좋은가 봐요.
식구들과 있어도
꼭 나만 물어요.

달님이
모기떼를 모아서
우주로 훅 날려주세요.

—얘야.
우주로 보낸 모기떼가
소행성 B612로 가서
장미꽃 한 송이를 키우는
노란머리 어린왕자를
물어도 되겠니?

—음, 달님!
모기가
장미꽃을 먹도록 훈련시켜서
다시 보내 주세요.

케플러—452b에게

백조자리 중에
지구와 비슷한 별
케플러-452b야!

난 너랑 친하고 싶은데
이름이 어려워서
자주 부를 수가 없어.

쉽고 예쁜 이름으로 바꿔줄까?
향기는 어때?
은별 금별은?
노랑, 무지개, 앵두는?

케플러-앵두야,
예쁜 이름 지어줬다고
초대장을 보내지는 마.
1400광년이나 떨어진 너에게 가려면
내 손주의손주의손주의손주에게 부탁해도
어렵거든.

하지만 어느 날 밤
텔레파시로 보내주면
꿈속에서 받아 보고
얼른 답장 해줄게. 안녕!

뉴호라이즌스의 편지

꽃님아, 안녕?
난 2006년 1월 19일 생
뉴호라이즌스야.

우린 같은 날 태어났어.
네가 엄마 품에 안겨 새근새근 잠들었을 때
난 우주발사대에서 우르르릉 쾅 소리치며
혼자 하늘을 날았단다.

네가 초등 3학년이 되어
어린이 날, 부모님 손잡고 놀러가고
생일 날, 친구들 축하를 받을 때도
난 계속계속계속계속 하늘만 날았어.

너의 숙제는 일기쓰기, 동화책 읽기지?
난 명왕성 사진 찍어 지구로 보내기야.
2015년 7월 14일에 숙제를 시작했지.
9년 동안 지구에서 명왕성까지
49억 킬로를 날아왔거든.

난 태양계 끝 얼음나라
카이퍼 벨트로 갈 건데
우주인을 만나면 꼭 전해 줄게.
초록별 지구엔 사람들이 많이 살고 있고
대한민국엔 씩씩한 어린이가 많다고.

혹시 너희 집에 외계인이 찾아가면
놀라지 말고 친절하게 대해 줘.
알았지?

스티브 잡스 아저씨께

아저씨는 천재라
하늘님이 빨리 모셔 갔어요?
그래서 지금
하늘나라, 땅나라 통화할 수 있는
최신 핸드폰을 만들고 계시나요?

아저씨, 부탁인데요.
하늘나라에 계신 우리 할머니와
통화할 수 있게
빨리 좀 만들어 주세요.

내 등을 두드리며
—아이고, 내 새끼
하던 할머니 목소리가
너무 너무 듣고 싶어요.

영상통화까지는 안 바랄게요.
목소리라도 들을 수 있게 해주세요. 네?

천상에서
지상으로
스마트폰

달님이력서

나이 : 38억 살부터 46억 살 사이

소질 : 혼자 놀기

특기 : 몸으로 모양 바꾸기

취미 : 지구 내려다보기

소망 : 지구처럼 초록별로 만들기

희망 : 지구어린이가 소풍 오기

한 쌍

암술, 수술
암컷, 수컷
오른손, 왼손
윗니, 아랫니
남자, 여자
엄마, 아빠
땅과 바다
음지와 양지
삶과 죽음

만인동시선 7
누구에게 말해요?

초판 인쇄 2021년 11월 10일
초판 발행 2021년 11월 15일

지은이 / 설 용 수
펴낸이 / 박 진 환

펴낸 곳 / 만인사
출판등록 / 1996년 4월 20일 제03—01—306호
주소 / 41960 대구광역시 중구 명륜로 116
전화 / (053)422—0550
팩스 / (053)426—9543
전자우편 / maninsa@hanmail.net
홈페이지 / www.maninsa.co.kr

ISBN 978—89—6349—163—9 03810

값 15,000원